BEI GRIN MACHT SICH I
WISSEN BEZAHLT

- Wir veröffentlichen Ihre Hausarbeit,
  Bachelor- und Masterarbeit

- Ihr eigenes eBook und Buch -
  weltweit in allen wichtigen Shops

- Verdienen Sie an jedem Verkauf

Jetzt bei www.GRIN.com hochladen
und kostenlos publizieren

Martina Köppl

Aggression und Gewalt im Feld der sozialen Arbeit und im alltäglichen Leben

GRIN Verlag

Bibliografische Information der Deutschen Nationalbibliothek:

Die Deutsche Bibliothek verzeichnet diese Publikation in der Deutschen National-
bibliografie; detaillierte bibliografische Daten sind im Internet über http://dnb.d-
nb.de/ abrufbar.

Impressum:

Copyright © 2001 GRIN Verlag GmbH
Druck und Bindung: Books on Demand GmbH, Norderstedt Germany
ISBN: 978-3-640-47196-6

Dieses Buch bei GRIN:

http://www.grin.com/de/e-book/12562/aggression-und-gewalt-im-feld-der-sozialen-
arbeit-und-im-alltaeglichen

GRIN - Your knowledge has value

Der GRIN Verlag publiziert seit 1998 wissenschaftliche Arbeiten von Studenten, Hochschullehrern und anderen Akademikern als eBook und gedrucktes Buch. Die Verlagswebsite www.grin.com ist die ideale Plattform zur Veröffentlichung von Hausarbeiten, Abschlussarbeiten, wissenschaftlichen Aufsätzen, Dissertationen und Fachbüchern.

Besuchen Sie uns im Internet:

http://www.grin.com/

http://www.facebook.com/grincom

http://www.twitter.com/grin_com

Aggression/Gewalt im Feld der Sozialarbeit

und im alltäglichen Leben

Inhaltsverzeichnis

Einleitung

Mit den Begriffen Aggression und Gewalt kann wohl jeder Mensch eigene Erfahrungen verbinden - unsere Welt ist voll von Aggressionen und Gewalt, sei es in körperlicher oder verbaler Form. Nicht nur die zunehmende Gewalt im alltäglichen Leben, sondern auch die Gewalt in den sozialen Berufen (gemeint sind sowohl Gewalt gegen Klienten als deren Gewalt, die gegen die Sozialarbeiter gerichtet ist) wird immer mehr zum Problem.

In der vorliegenden Arbeit soll erst auf die Definition relevanter Begriffe, danach auf die Symptome und die Verbreitung von Aggressionen und Gewalt, später auf die Theorien der Entstehung von Aggressionen/Gewalt und abschließend auf Möglichkeiten der Therapie oder der Reduktion aggressiven Verhaltens eingegangen werden. Den Schluß bildet eine Zusammenfassung aller in der Arbeit beschriebenen wesentlichen Punkte.

1.1 Definition relevanter Begriffe

In der Literatur finden sich etliche verschiedene Definitionen von Gewalt und Aggression. Teils wird in der gängigen Literatur auf eine Differenzierung von Gewalt und Aggression völlig verzichtet – teils neigen auch viele Autoren dazu, zwischen Aggression und Gewalt eine scharfe Grenze zu ziehen. Im Folgenden sollen einige verschiedene Definitionen vorgestellt werden:

„Aggression beim Menschen wird definiert als körperliches oder verbales Handeln, das mit der Absicht ausgeführt wird, zu verletzen oder zu zerstören. Gewalt ist Aggression in ihrer extremen und sozial nicht akzeptierten Form." (vgl. Zimbardo, 1995, S. 425)

Glynis M. Breakwell (1998) zieht einen Unterschied zwischen Selbstbehauptung, Aggression und Gewalt:

*„Selbstbehauptung heißt, auf seinen Rechten oder Meinungen zu bestehen. Aggression wird als jede Form des Verhaltens definiert, die darauf angelegt ist, eine Person gegen ihren Willen zu schädigen oder zu verletzen. Gewalt ist als Handlung definiert, in der **vorsätzlich** versucht wird, jemandem körperlichen Schaden zuzufügen. "*

(vgl. Breakwell, 1998, S. 19)

Nach Selg/Mees und Berg wird Aggression und Gewalt definiert:

„Als Aggression soll solches Verhalten bezeichnet werden, bei dem schädigende Reize gegen einen Organismus (oder ein Organismussurrogat) ausgeteilt werden. Eine Aggression kann offen (körperlich, verbal) oder verdeckt (phantasiert), sie kann positiv (von der Gesellschaft gebilligt) oder negativ (mißbilligt) sein. Unter Gewalt wird in erster Linie physische Gewalt verstanden. " (vgl. Selg/Mees/Berg, 1996, S. 7-8)

Diese gehen jedoch noch einen Schritt weiter und geben Definitionen für Ärger, Wut, Zorn und Haß, Gefühle, die oft in unmittelbarem Zusammenhang mit Aggressionen/Gewalt auftreten:

*„**Ärger** kann als eine Klasse von untereinander ähnlichen, unlustbetonten emotionalen Reaktionen bezeichnet werden. Von **Wut** sprechen wir bei höheren Erregungsgraden sprechen. **Zorn** entsteht, wenn andere Personen wichtige Normen verletzen. **Haß** meint weniger eine kurzzeitige Gefühlsregung als vielmehr eine überdauernde intensive Einstellung gegen etwas oder gegen jemand, Haß zielt auf Vernichtung des Objekts. " (vgl. Selg/Mees/Berg, 1996, S. 9-10)*

Hierbei handelt es sich jedoch lediglich um drei von zahllosen Ansätzen, Aggression/Gewalt zu definieren, wobei sich bei näherer Betrachtung jeder Version Unvereinbarkeiten ergeben – so wurde beispielsweise nicht berücksichtigt, daß Gewalt auch versehentlich ausgeübt werden kann, wie beispielsweise durch einen unbeabsichtigten Schlag. Die Definition von Zimbardo sollte wohl die gebräuchlichste und zutreffendste sein.

1. Symptome/Verbreitung

Es gibt viele Formen, in denen Aggressionen und Gewalt auftreten können. Körperliche Aggressionen bilden nur eine Möglichkeit. Beschimpfungen und Bedrohungen, die dem körperlichen Angriff meist vorausgehen, bilden sicherlich auch einen relevanten Aspekt. Die Form der Aggression hängt oft von der Situation, der physischen Stärke der Beteiligten und der Relevanz des Auslösers ab. Aggression und Gewalt richten sich vor allem gegen Menschen – manchmal jedoch auch gegen Gegenstände.

BUSS (1961) unterteilte die Aggression in *äußerlich-formale (verbal, körperlich), verdeckte (phantasierte), direkte, indirekte, Einzel- und Gruppen-, Selbst- und Fremdaggressionen. Verbale* Aggressionen äußern sich meist in Beschimpfungen und Drohungen. *Körperliche* Aggressionen führen meist zu Schmerzen oder Verletzungen beim Opfer. *Verdeckte (phantasierte)* Aggressionen können sich in Worten (Vorstellungen, Wünsche), in Zeichnungen, Mimik oder Pantomimik äußern. Die *direkte* Aggression ist unmittelbar gegen das Opfer gerichtet. Bei der *indirekten* Aggression ist das Opfer nicht in der unmittelbaren Umgebung (z. B. wird bei dem Lebenspartner schlecht über den Vorgesetzten gesprochen). Bei einer *Einzelaggression* sind nur Täter und Opfer beteiligt. Bei einer *Gruppenaggression* gibt es mehrere Beteiligte (so ist z. B. der Krieg eine Form der Gruppenaggression). Die *Fremd- oder Selbstaggression* („Autoaggression") richtet sich gegen sich selbst (z. B. selbstverletzendes Verhalten).

Es wird jedoch noch eine weitere Unterteilung gemacht. Zu den *Inhaltlich-motivationalen* Aggressionen gehören: *positive (legitim), negative (illegitim), expressive (wütende), instrumentelle, spontane, reaktive, spielerische* und *ernste* Aggressionen. Zu den *positiven* Aggressionen können z. B. Handlungen von Soldaten gehören - diese werden von der Gesellschaft toleriert. Als *negative* Aggressionen werden solche verstanden, die von der Gesellschaft nicht akzeptiert werden (wie z. B. Gewalt gegen Kinder). *Expressive* Aggression geschieht aus einem Affekt heraus, *instrumentelle* aus einem Kalkül. *Spontane* Aggressionen sind nicht provoziert, *reaktive* dagegen provoziert. Die Unterteilung in *spielerische* und *ernste* Aggressionen wird meist bei Kindern gemacht, wobei erstere z. B. das Schlagen von Puppen oder das Balgen unter Spielkameraden und letztere das ernste Raufen und Prügeln beinhalten.

Es gibt auch eine Reihe physiologischer Erscheinungen, die vor einer Aggression auftreten - vor allem Beschäftigte in sozialen Berufen aber auch Individuen im alltäglichen Leben sollten besonders auf diese achten, da so die Risikoeinschätzung von aggressiven Verhaltens verbessert werden kann. Im folgenden werden die physiologischen Vorboten aggressiven Verhaltens kurz geschildert (vgl. Breakwell, 1998, S. 55).

Bei Bedrohung wird - veranlaßt vom Hypothalamus – Adrenalin aus den Nebennieren in das Blut freigesetzt. Dies hat folgende Wirkungen: Glucose wird freigesetzt, um die Muskeln effizienter arbeiten zu lassen. Die Atmung wird beschleunigt, das Herz schlägt schneller, Blut wird vom Verdauungstrakt abgeleitet, um den Symptomen Übelkeit und trockenem Mund vorzubeugen. Es treten Hautveränderungen auf, Schwitzen kühlt den Körper, das Gesicht wird bleich und die Pupillen weiten sich.

Zur Verbreitung von Aggression und Gewalt kann folgendes gesagt werden: Im Prinzip kann und ist mit Sicherheit jeder bereits mit Aggression (wenn auch „nur" in verbaler Form) konfrontiert werden/worden. Brauchbare Untersuchungen zu diesem Thema existieren hierzulande jedoch leider nicht. Es stehen allerdings einige Untersuchungen aus den USA zur Verfügung, aus denen sich ergibt, dass dort in 6 % aller Haushalte mindestens ein Familienmitglied schon einmal Opfer von Gewalt wurde – das sind ca. 5 Mio. Menschen (U.S. Department of Justice Bulletin, Juni 1983). 1974 betrug die Zahl der Tötungen in den USA ca. 20 000, in etwa jedem vierten Fall kam der Täter aus der Familie des Opfers.

Zur Aggressionshäufigkeit in sozialen Berufen gibt es ebenfalls wenige Untersuchungen. Diese sind oft nur in Bezug auf eine Berufsgruppe zu sehen. Teilweise bestehen auch Probleme, da den Forschungen verschiedene Arten der Definition von Aggression/Gewalt zugrunde liegt.

Einzelne Daten belegen daß jährlich eine/r von 200 Angestellten bei einem gewaltsamen Übergriff schwer verletzt wird. Eine/r von zehn Angestellten braucht Erste Hilfe und eine/r von zwanzig wird mit einem Gegenstand bedroht. Gegen eine/n von sechs werden mündliche Drohungen ausgesprochen. Die meisten schwereren Angriffe kommen in ambulanten psychiatrischen Einrichtungen vor (einer von vier Mitarbeitern berichtet von leichten Verletzungen nach einem Angriff). Bei den geriatrischen und stationär-psychiatrischen Kliniken ist das Verhältnis 1:5. Schwere Verletzungen sind im Gesundheitswesen doppelt so hoch wie z. B. im Baugewerbe und fünfmal so hoch wie im Handwerk.

Bei den Sozialdiensten kristallisiert sich ein ähnliches Bild heraus. In städtischen Gebieten wird jährlich eines von 130 Mitgliedern des Personals Opfer eines Angriffs. In ländlichen Gebieten ist es immerhin eines von 434 Mitgliedern. In ambulanten Einrichtungen beträgt die Rate etwa 1:372, bei klinisch Tätigen 1:228.

Einer von 25 Mitarbeitern in Sozialdiensten erleidet pro Jahr einen mittelschweren bis schweren Angriff, der medizinische Versorgung benötigt.

Die Zahl der Beschimpfungen und Bedrohungen in den sozialen Berufen ist sehr groß. Einer Studie zufolge wurden in zwei Monaten ca. 96% der Mitarbeiter Beschimpft, 93 % erfuhren Gewaltandrohungen, 67 % der Drohungen wurden mit einer Waffe unterstützt, 83 % erleiden Übergriffe, 43 % werden mit Waffengewalt konfrontiert (vgl. Breakwell, 1998, S. 51/52).

Es ist noch zu erwähnen, daß gewalttätige Übergriffe nicht nur von den Klienten in helfenden Berufen ausgehen, sondern auch häufig die Sozialarbeiter gegenüber ihren Klienten aggressiv oder sogar gewalttätig werden.

Die Dunkelziffer von gewalttätigen Übergriffen oder Aggressionen sowohl im privaten Bereich als auch in den sozialen Berufen ist jedoch immens. Nicht jedes Opfer macht den Übergriff auch öffentlich. Hinzu kommen die alltäglichen Bedrohungen und Beschimpfungen, die jedoch schon einem weiten Toleranzbereich unterliegen.

2. Ätiologie

Die Psychologie unterscheidet mehrere Erklärungsansätze von Aggression und Gewalt. Zum einen handelt es sich dabei um psychoanalytische Theorien (Instinkt-,

Triebtheorien), lerntheoretische Ansätze, die Frustrations-Aggressions-Hypothese und der interaktionalistische Ansatz. Im Folgenden sollen diese kurz erklärt werden.

3.1 Psychoanalytische Triebtheorien

SIGMUND FREUD ordnete dem Menschen außer dem Lebenstrieb(Eros), der für Energie, Wachstum, Energie und Überleben sorgt, 1930 einen Gegenspieler, den angeborenen Todestrieb (Thanatos) zu, der seiner Überzeugung nach nach der Selbstzerstörung des Individuums strebt. FREUD revidierte jedoch später seine Annahme von einem Todestrieb.

Nach FREUD sind Aggressionen nicht erlernt, sondern angeboren und ein Bedürfnis, das unabdingbar ist, wie z. B. Schlafen, Essen oder Trinken. Unterschiedlich ist sie bei den einzelnen Individuen nur in der Form der Äußerung und in welcher Situation sie davon Gebrauch machen.

Laut FREUD stauen sich Aggressionen auf und werden entweder gesellschaftlich akzeptiert dosiert – oder in einem Ausbruch akuter Gewalt abgegeben. Eine Sinnvolle Ableitung aggressiver Energie besteht darin, sie durch Weinen, Worte, symbolischen Mitteln oder direkten Handlungen abzubauen. Dieses Verfahren wird Katharsis (griech. Reinigung) genannt und ist ein wichtiger Bestandteil der psychoanalytischen Therapie.

Eine weitere Triebtheorie wurde von KONRAD LORENZ (1966) aufgestellt, der durch Tierbeobachtungen einen Aggressionstrieb auf den Menschen ableiten wollte. Aggressionen signalisieren die Bereitschaft zum Kampf, die für das Überleben des Individuums entscheidend sei.

Nach LORENZ haben die Menschen der neueren Zivilisation nicht die besten Möglichkeiten, ihre Aggressionen zu entladen, so daß diese sich in physischen und psychischen Störungen äußern. Des weiteren sei unser natürlicher Aggressionstrieb nicht auf die Verwendung von Waffen ausgerichtet.

LORENZ ist der Überzeugung, Aggressionen könnten durch Ersatzhandlungen, wie beispielsweise durch den sportlichen, wissenschaftlichen oder künstlerischen Wettstreit kompensiert werden.

Diese Triebtheorien sind jedoch weitgehend in Kritik geraten, da sie versuchen, menschliches Verhalten zu vereinfachen, ohne es dabei wirklich zu erklären. Aus einer Schlägerei folgert man beispielsweise, es müsse einen Aggressionstrieb geben, bei einem ängstlichen Menschen, der Flüchtet, folgert man, es müsse einen Fluchttrieb geben, bei einem Kind, das sehr viel spielen will, folgert man, es müsse einen Spieltrieb geben. Doch es kann wohl nicht jedes menschliche Verhalten auf einen angeborenen Trieb reduziert werden.

Von LORENZ kann gesagt werden, daß sich nicht jedes tierische Verhalten zwangsläufig auch auf den Menschen abbilden läßt. Es besteht wohl kein Vergleich zwischen einem abwehrenden Biß von einem Hund und einem wohl überlegten Handtaschenraub. Des weiteren gestaltet sich eine empirische Untersuchung der Triebtheorien als überwiegend schwierig.

3.2 Lerntheoretische Ansätze

Nach lernpsychologischer Ansicht werden Aggressionen so wie jedes andere Verhalten (z. B. Sprechen, Schreiben, Kochen, Fußballspielen, Autofahren ect.) erlernt. Es wird zwischen drei lerntheoretischen Ansätzen unterschieden: das klassische Konditionieren (PAWLOW), das operante Konditionieren (SKINNER) und das Lernen am Modell (BANDURA). Wir wenden uns nun jeder dieser Theorien im einzelnen zu.

3.2.1 Klassisches Konditionieren

Berühmt geworden ist das klassische Konditionieren durch den Hundeversuch von PAWLOW, der besagt, dass wenn man einem hungrigen Hund Futter gibt, er Speichel absondert. Dies wird als unbedingte Reaktion auf einen unbedingten Reiz, das Futter, bezeichnet. Läßt man nun vor der Fütterung eine Glocke erklingen, so zeigt der Hund auf diesen neutralen Reiz zunächst keine Speichelreaktion, läßt man die

Glocke jedoch jedesmal vor der Fütterung erklingen, entstehen also wiederholte Koppelungen zwischen dem neutralen Reiz und dem unbedingten Reiz, so ist nach einer Weile schon auf den Glockenton eine Speichelreaktion erkennbar. Der neutrale Reiz ist zum bedingten Reiz geworden.

Übertragen auf Aggressionen können mit diesem Ansatz einige Ärger/Wutreaktionen von Menschen erklärt werden. Fällt eine Person bei uns in Mißgunst, so genügt nach einiger Zeit bereits das Hören seines Namens, um Unmut oder Ärger hervorzurufen.

3.2.2 Operantes Konditionieren

Operantes Konditionieren ist ein Prozeß, in dessen Verlauf Verhaltensweisen vermehrt auftreten, durch die der Organismus angenehme Konsequenzen herbeiführen oder aufrechterhalten bzw. unangenehme Zustände beseitigen, verringern oder vermeiden kann. Man unterscheidet *Positive Verstärkung:* dem Verhalten folgt ein positives Ereignis; wird durch ein Verhalten regelmäßig eine positive Konsequenz herbeigeführt, dann ist die Wahrscheinlichkeit groß, dass das Verhalten in ähnlichen Situationen erneut auftritt. *Negative Verstärkung:* die Folge eines Verhaltens ist das Verschwinden unangenehmer Ereignisse; die Auftretenswahrscheinlichkeit des Verhaltens erhöht sich, wenn negative Folgen oder Situationen vermieden werden.

Bsp: Eine Mutter ist mir ihrem Kind beim Einkaufen. Das Kind sieht Süßigkeiten und möchte diese haben. Die Mutter verneint und das Kind fängt an zu weinen. Die Mutter stört dieses Weinen erheblich und sie beschließt, dem Kind nun doch dies Süßigkeiten zu kaufen, um das Weinen zu stoppen. In diesem Fall wurden hier beide negativ verstärkt. Die Wahrscheinlichkeit ist groß, dass das Kind in einer ähnlichen Situation genauso reagiert.

Was bedeutet das operante Konditionieren nun für den Erwerb von Aggressionen? Hierzu ein Beispiel: Wenn jemand ständig durch Aggressionen erfolgreich ist und z.b. häufig Anerkennung für sein Verhalten erhält, ist die Wahrscheinlichkeit, dass dieses aggressive Verhalten häufiger auftritt recht hoch. Aggressives Verhalten wird durch materielle (z. B. finanzielle), soziale (z. B. Statusgewinn) oder psychologische (z. B. emotionaler) Faktoren verstärkt.

3.2.3 Lernen am Modell

Vertreter der Theorie des Lernen am Modells sind der Ansicht, daß aggressives Verhalten, wie jedes andere Verhalten (z. B. Radfahren) durch das Beobachten anderer erlernt wird (BANDURA, 1979). Der Grad der Nachahmung ist jedoch stark davon abhängig, ob man sich etwas zutraut (Kompetenzerwartung) und was man sich von diesem Verhalten erwartet (Erwartungshaltung).

Es wurden viele Untersuchungen der sog. Sozial Kognitiven Theorie in Bezug auf Aggressionen durchgeführt, die jedoch hier nicht weiter erläutert werden können, da ansonsten der Rahmen dieser Arbeit gesprengt werden würde (siehe z. B. HICKS, 1965).

Zur sozial kognitiven Theorie kann auch die Beeinflussung der Massenmedien auf die Entstehung aggressiven Verhaltens gezählt werden. Ihre Bedeutung kann trotz unzureichender Untersuchungen nicht unterschätzt werden. Kinder lernen z. B. häufig aus den Darstellungen von Gewalt im Fernsehen, daß Gewalt häufig vorkommt und sogar belohnt wird. Sie wird meist gerechtfertigt, sauber, spaßig oder phantasievoll dargestellt. Gewalt bei Männern wird eher akzeptiert als bei Frauen.

Daraufhin neigen Kinder dann häufig dazu, aggressiv zu handeln. Sie werden nachsichtiger, was das aggressive Verhalten anderer angeht. Des weiteren bewirken Kombinationen von Aggressionen/Gewalt mit Humor, das psychische Abstumpfen und auch eine Betäubung der Empfindsamkeit als auch der moralischen Empörung gegen Gewalt.

Auch bieten z. B. pornographische Filme Bilder von Gewalt und Entmenschlichung als sexuelle Unterhaltung.

3.3 Frustrations-Aggressions-Hypothese

Nach der Frustrations-Aggressions-Hypothese (vertreten durch DOLLARD, DOOB, MILLER, MOWRER, SEARS, 1939) ist Aggression nicht angeboren, sondern erlernt und ist die Reaktion auf eine Frustration. Je stärker die Frustration ist, desto stärker ist die Aggression. Zudem führen Frustrationen immer zu einer Form von Aggression.

Unter Frustrationen sind sowohl äußere Störungen von Aktivitäten als auch innere Folgezustände dieser Störung zu verstehen.

Später wurde die F-A-H jedoch revidiert, denn es ist nicht offensichtlich, daß jede Frustration zwangsläufig zu Aggression führt, Frustrationen erhöhen zwar die Neigung zu Aggressionen, doch diese kann durchaus zu schwach sein, um wirklich aggressives Verhalten hervorzurufen.

3.4 Interaktionalistischer Ansatz

Hier wird angenommen, daß Aggressionen das Ergebnis vieler Faktoren sind, die sowohl untereinander verbunden, als auch mit den betreffenden Personen verknüpft sind. Jedoch sind diese auch mit der spezifischen Art der Interaktion, die unmittelbar dem Gewaltakt vorausgeht (z. B. Vergangenheit, gegenwärtige Umstände, psychische Verfassung, unmittelbare Situation) verknüpft.

Zu den Umständen können weiterhin folgende Faktoren gezählt werden: Örtlichkeit, Tageszeit, Zahl der anwesenden Personen und auch die geographischen und architektonischen Gegebenheiten des Raumes, in dem man sich befindet.

Dieser Ansatz ist für Tätige in sozialen Berufen deshalb gut geeignet, da eine Vielfalt von Gewaltverursachenden Faktoren analysiert und im Auge behalten werden muß.

3.5. Physiologische Grundlagen

Bei manchen Gewaltübergriffen kann die Ursache auch im Körperlichen Bereich gefunden werden, wie z. B. bei Gehirnerkrankungen des Schläfenlappens oder des limbischen Systems, besonders der Amygdala können Brutalität, phatologischer Rausch, Sexuelle Belästigung auftreten. Bei männlichen Tieren tritt aggressives Verhalten auf, wenn der Katecholaminspiegel erhöht ist. Das dies auch beim Menschen zutrifft, ist wahrscheinlich.

4. Therapie/Umgang mit Aggressionen

Im folgenden werden kurz einige Ansätze zur Behandlung und zum Umgang mit Aggressionen beschrieben, doch es gibt sehr viele verschiedene Ansätze, so daß hier nur ein kleiner Ausschnitt behandelt werden kann.

4.1 Umleitung der Aggressionen

Die Reduktion aggressiven Verhaltens kann durch das aktive Verlernen von Reaktionen auf Aggressionsstimulierende Situationen durch das Antrainieren von anderen Verhaltensweisen geschehen. Unter dem Gesichtspunkt der Katharsis kann die Aggressionsenergie z. B. durch Sport so aufgebraucht werden, daß große Aggressionen unmöglich gemacht werden.

4.2. Therapie aggressiver Kinder
4.2.1 Mediatorenkonzept

Aggressives Verhalten bei Kindern wird zunehmend nicht mehr nur als Problem des Kindes gesehen, sondern als Problem in der Interaktion zwischen ihm und seinem Umfeld (Familie), bei den Verhaltenstherapeutisch orientierten Forschern steht deshalb das Konzept im Mittelpunkt, die Erzieher zu trainieren und ihr Verhalten zu ändern, damit dadurch auch eine Veränderung des Kindes eintritt (sog. Mediatorenkonzept). Die Beteiligten n diesem Prozeß sind: die Bezugspersonen des Kindes (Erzieher/Eltern), Experten und das Problemkind.

4.2.2 Vier Faktoren Modell

Es werden hier vier Faktoren unterschieden, die aggressives Verhalten bei Kindern reduzieren sollen. Die Eltern sollen *Regeln setzen*. Diese beinhalten, welche Pflichten jedes Familienmitglied zu erledigen hat, welches Verhalten akzeptiert wird und welches nicht.

Die Eltern sollen *Interesse zeigen (z. B.* beim Verbleib der Kinder). Sie sollen wissen, was sie tun, mit wem sie sich treffen, wann sie nach Hause kommen usw. Es sollen regelmäßig Familientreffen stattfinden, in denen ein reger Informationsaustausch stattfinden soll.

Des weiteren sollen Sanktionen der Eltern als positive Verstärker fungieren, z. B. durch Tokens. Das Kind bekommt bestimmte Objekte wie Münzen, Punkte oder Spielmarken, die bei gewünschtem Verhalten verteilt werden und dann z. B. gegen Aktivitäten wie Ausflüge oder Süßigkeiten getauscht werden können. Es sollte vor der Verwendung von Tokens festgelegt werden, welches Verhalten mit wie vielen Tokens belohnt wird.

Zudem kann *Bestrafung* durch die Darbietung einer unangenehmen Konsequenz oder der Entfernung einer angenehmen Konsequenz zur Reduzierung aggressiven Verhaltens bei Kindern beitragen.

Es sollte weiterhin an der *Bewältigung von Krisen bzw. Konflikten* innerhalb der Familie gearbeitet werden. Es empfiehlt sich, einen professionellen Berater zur Unterstützung heranzuziehen.

4.2.3 Problemlösungstraining

Es sollten mit den Kindern verschiedene Strategien überlegt werden, wie sie außer mit Gewalt oder Aggressionen auf schwierige Situationen reagieren können. Hierzu gibt es verschiedene Programme (vgl. SPIVAK und SHURE, 1974).

4.2.4 Empahtietraining

Eine weitere Möglichkeit zur Reduzierung aggressiven Verhaltens von Kindern ist das Empahtietraining, indem Kinder lernen, sich in emotionale Zustände anderer Personen zu versetzen. FESHBACH (1984) vermutet, daß Empathie aggressives Verhalten hemmt.

Das Trainingsmaterial umfaßt 30 Lektionen (z. B. Rollenspiel, visueller Perspektivenwechsel, das erkennen von Vorlieben und Abneigungen anderer Personen, pantomimische Darstellung auf Videobändern u. a.) und sollte drei mal pro Woche zu je 45 Minuten durchgeführt werden.

4.2.5 Anwendung der sozial kognitiven Theorie in der Erziehung

Die Eltern müssen ihr Vorbildverhalten ständig reflektieren und sich ihrer Vorbildwirkung bewußt sein. Sie sollen von Kindern nicht das verlangen, was sie selbst nicht verkörpern können.

Es muß eine positive Beziehung aufgebaut werden. Je positiver die Beziehung ist, desto größer ist die Modellwirkung.

Des weiteren sollen geeignete Modelle ausgewählt werden (z. b. keine Gewalttätigen Fernsehsendungen)

4.3 Anwendung der sozial kognitiven Theorie in der Therapie

Es soll eine Situation geschaffen werden, in der der Klient Gelegenheit hat, seine
Aggressionen abzubauen und erwünschtes Verhalten (z. B. Fähigkeit zur Diskussion)
durch Nachahmung zu lernen.

Dies kann durch *teilnehmendes Modellernen* (direkte Modellbeobachtung), *symboli-
sches Modellernen* (Beobachtung des Modells im Film), *verdecktes Modellernen*
(Vorstellungen einer Situation und seiner Bewältigung), das *Bewältigende Modell*
(Coping model) oder durch das *kompetente Modell* (mastery model) geschehen.

4.4 Umgang mit Aggressionen in helfenden Berufen
4.4.1 Meldesysteme

Da viele Vorfälle aggressiver Übergriffe in sozialen Berufen nicht gemeldet werden,
sind jegliche Maßnahmen, die die Meldezahlen gewaltsamer Übergriffe verbessern
begrüßt. Es sollten angemessene, benutzerfreundliche Meldesysteme eingerichtet
werden. Dies sollte in einer Sphäre geschehen, in der keinerlei Schulzuweisungen
gemacht werden. Die Informationen müssen so zusammengestellt und untersucht
werden, daß Menschen ihr eigenes Vorgehen verbessern können.

4.4.2 Risikoeinschätzung

Aggressionen können vermieden werden, wenn man das Verhalten der beteiligten
Personen voraussagen kann. Um dies zu trainieren existieren sog. Gefährlichkeits-
checklisten (vgl. BREAKWELL, 1998).

4.4.3 Vermeidungsstrategien

Zwei solcher Vermeidungsstrategien sind: 1. Den Kontakt zum Klienten abbrechen
und die Risikoeinschätzung mit dem Vorgesetzten besprechen, um das weitere Vorgehen zu diskutieren und 2. Einen vorbereiteten, klar abgegrenzten Kontakt (z. B.
Anruf) zum Klienten herstellen, um Details für die Risikoeinschätzung zu erfragen.

4.4.4. Situation entschärfen/Flucht

Es gibt Situationen, in denen trotz Risikoeinschätzung eine Vermeidung nicht möglich ist. In diesen Fällen sollen geeignete Fähigkeiten vertraut sein, Aggressionen zu deeskalieren und der Situation zu entkommen.

Hilfreiche Taktiken sind z. B. den Eindruck zu erwecken, man sei ruhig, beherrscht und zuversichtlich; in normalem Tonfall weiter zusprechen oder den Tonfall seines Gegenübers anzupassen; Ablenkungsmanöver einzusetzen (z. B. eine Tasse Tee anbieten); sich nie einem bewaffneten Täter zu nähern; gefährliche Gegenstände (wenn möglich) zu entfernen; Zuschauer zu vertreiben; der Person offene Fragen stellen (um sie zum Reden, Nachdenken zu bringen); paraphrasieren, was die Person sagt, um ihr zu verstehen zu geben, daß man sie versteht; die Person daran zu erinnern, daß man ihr in der Vergangenheit geholfen hat u. a.

Vermieden werden sollten direkte Fragen über die Ursachen der Aggression, unmittelbare Drohungen, das Eindringen in den persönlichen Raum, wertende oder kritische Aussagen.

4.4.5 Beitrag der Organisation

Auch die Organisation kann viel dazu beitragen, mit Aggressionen innerhalb der Institution besser umzugehen.

Dies sind z. B. Anordnungen über die regelmäßige Überprüfung von Klientendossiers; Anleitung über die Einbeziehung der Polizei; Empfehlungen über das Vorgehen bei hohem Gewaltrisiko; spezielle Ausbildungsprogramme zum Umgang mit Aggressionen; Verbesserung der Arbeitsumgebung (Einbau von Video- oder Alarmsystemen); Angebote der Betreuung für Mitarbeiter/innen nach einem gewaltsamen Angriff u. a.

5. Zusammenfassung

Zusammenfassend sei gesagt, daß Aggressionen in unserer Gesellschaft zunehmend zum Problem werden - nicht nur im Alltag, sondern auch im Bereich der Sozialarbeit.

Es gibt zwar verschiedene Ansätze zur Erklärung von Aggressionen – jedoch ist die Forschung bis heute nicht in der Lage, sich auf eine universelle Theorie zu einigen.

Es ist von großer Bedeutung, über den Umgang mit Aggressionen/Gewalt aufzuklären und geeignete Therapien zu verwenden - sonst beherrschen die Aggressionen bald unseren Alltag.

6. Literaturverzeichnis

Breakwell, Glynis M., Aggression bewältigen, Verlag Hans Huber Bern 1998, aus dem Englischen übersetzt

Selg, Herbert; Mees, Ulrich; Berg, Detlef, Psychologie der Aggressivität, Hogrefe Verlag Göttingen 1997, 2. Auflage

Zimbardo, Phillip G., Zimbardo Psychologie, Springer Verlag Berlin Heidelberg 1995, 6. Auflage